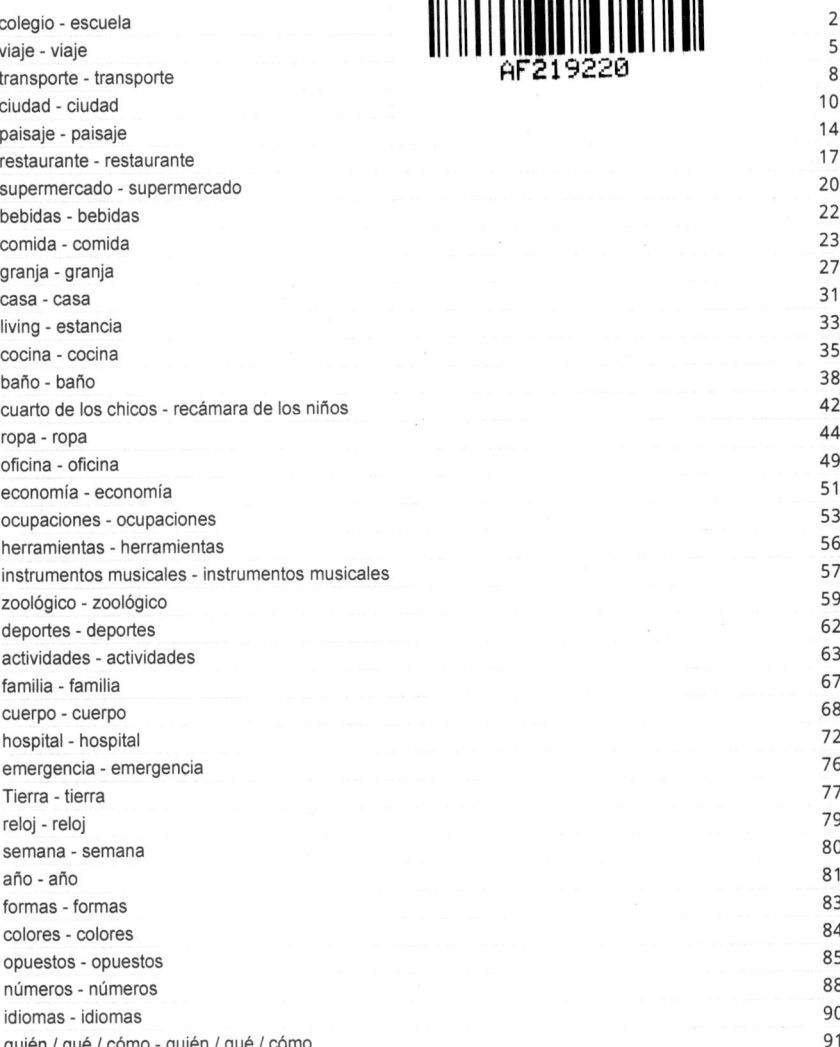

Impressum
Verlag: BABADADA GmbH, Nedderfeld 112 , 22529 Hamburg
Geschäftsführer / Verlagsleitung: Harald Hof
Druck: Books on Demand GmbH, In de Tarpen 42, 22848 Norderstedt

Imprint
Publisher: BABADADA GmbH, Nedderfeld 112 , 22529 Hamburg, Germany
Managing Director / Publishing direction: Harald Hof
Print: Books on Demand GmbH, In de Tarpen 42, 22848 Norderstedt

colegio
escuela

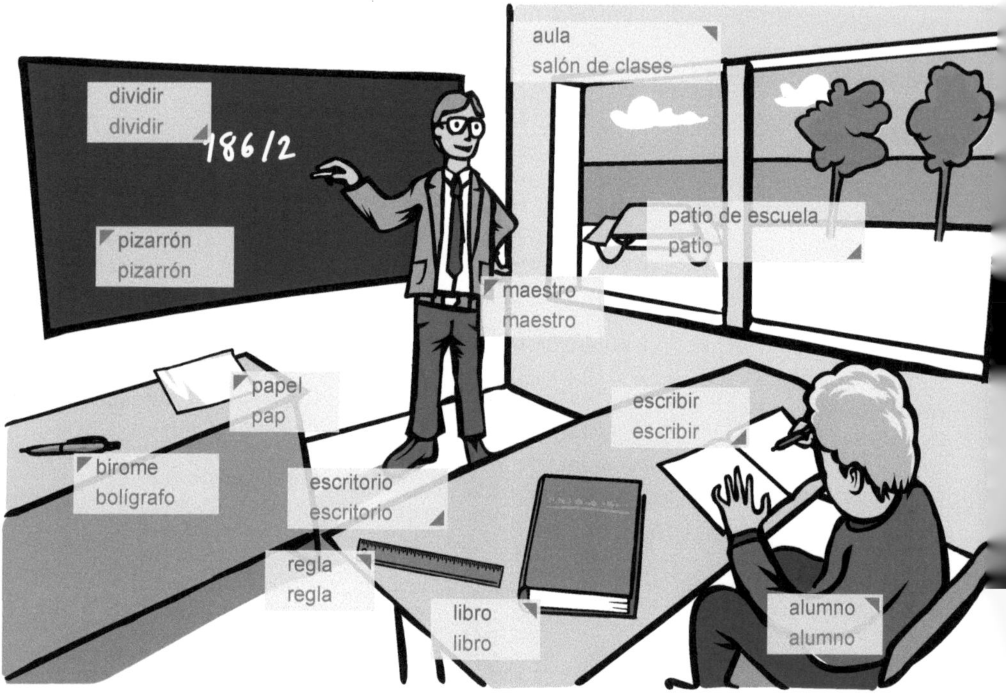
aula
salón de clases
dividir
dividir
186/2
pizarrón
pizarrón
patio de escuela
patio
maestro
maestro
papel
pap
escribir
escribir
birome
bolígrafo
escritorio
escritorio
regla
regla
libro
libro
alumno
alumno

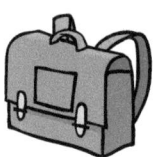

mochila

mochila

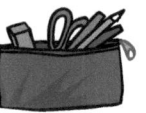

caja de lápices

caja de lápices

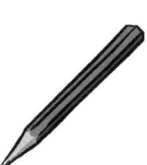

lápiz

lápiz

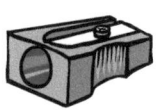

sacapuntas

sacapuntas

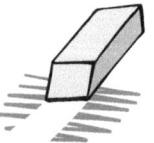

goma (de borrar)

goma de borrar

bloc de dibujo

bloc de dibujo

dibujo
dibujo

pincel
pincel

caja de pinturas
caja de lápices de color

tijera
tijeras

pegamento
pegamento

cuaderno de ejercicios
libro de ejercicios

tarea
tarea

número
número

sumar
sumar

restar
restar

multiplicar
multiplicar

calcular
calcular

letra
letra

abecedario
alfabeto

palabra
palabra

texto

texto

leer

leer

tiza

tiza

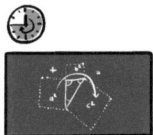

lección

lección

cuaderno de clase

cuaderno de clase

examen

examen

certificado

certificado

uniforme escolar

uniforme

educación

educación

enciclopedia

enciclopedia

universidad

universidad

microscopio

microscopio

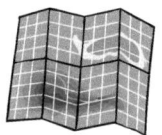

mapa

mapa

tacho (de basura)

bote de basura

colegio - escuela

viaje
viaje

hotel
hotel
Grand
hostel
hostel
ROOMS
EXCHANGE
casa de cambio
casa de cambio
valija
maleta
auto
carro

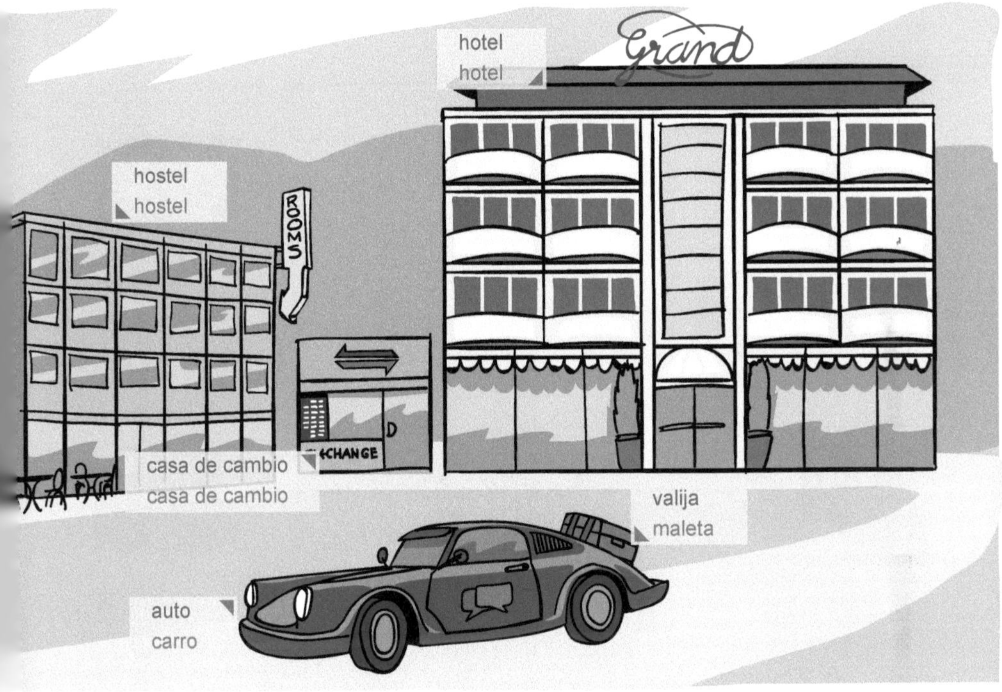

idioma
....
idioma

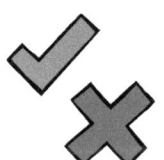

sí / no
....
sí / no

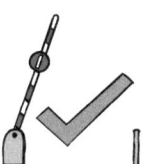

Está bien
....
Órale

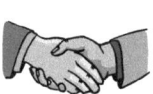

hola
....
hola

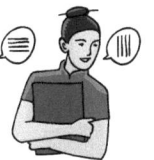

traductor
....
traductor

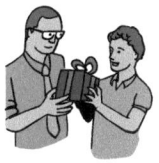

Gracias
....
Gracias

¿cuánto cuesta…?

¿cuánto cuesta…?

No entiendo

No entiendo

problema

problema

¡Buenas tardes!

¡Buenas tardes!

¡Buenos días!

¡Buenos días!

¡Buenas noches!

¡Buenas noches!

adiós

adiós

dirección

dirección

equipaje

equipaje

bolso

bolsa

mochila

mochila

invitado

invitado

habitación

recámara

bolsa de dormir

bolsa de dormir

carpa

tienda de campaña

información turística

información turística

playa

playa

tarjeta de crédito

tarjeta de crédito

desayuno

desayuno

almuerzo

almuerzo

cena

cena

pasaje

billete

ascensor

ascensor

sello

sello

frontera

frontera

aduana

aduana

embajada

embajada

visa

visa

pasaporte

pasaporte

viaje - viaje

transperte
transporte

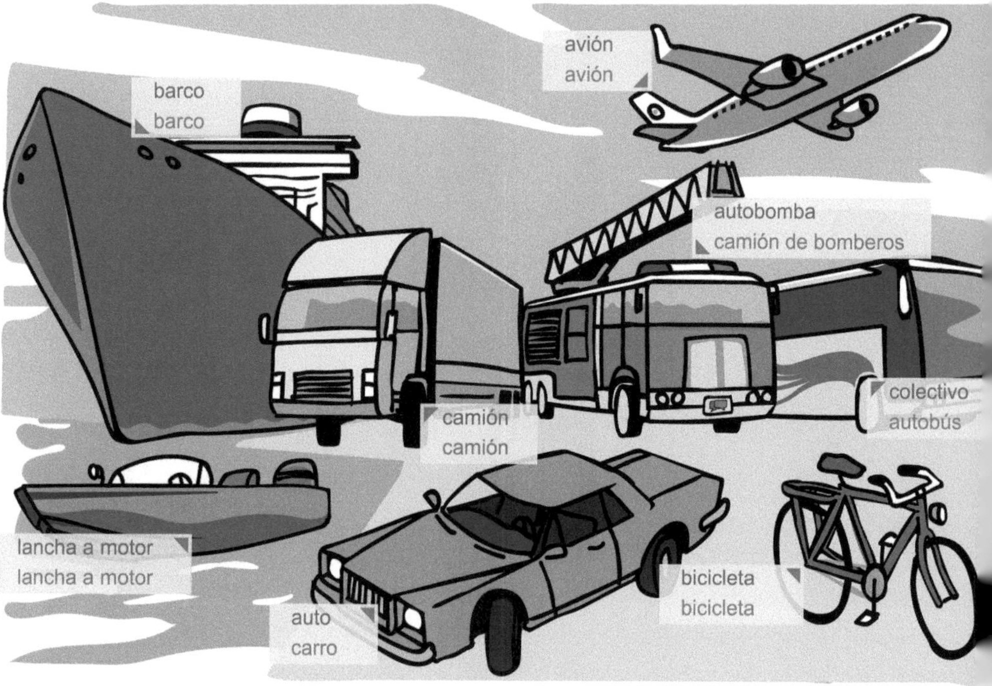
avión
avión
barco
barco
autobomba
camión de bomberos
colectivo
autobús
camión
camión
lancha a motor
lancha a motor
bicicleta
bicicleta
auto
carro

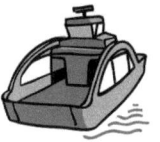

ferry
ferry

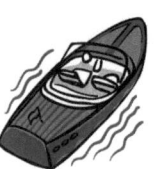

bote
bote

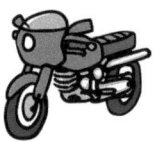

moto
motocicleta

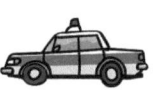

patrullero
patrulla

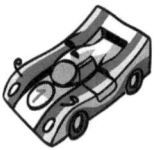

auto de carreras
coche de carreras

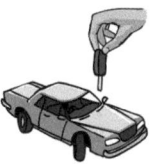

auto de alquiler
auto para rentar

alquiler de autos
renta de autos

grúa
grúa

camión de basura
camión recolector de basura

motor
motor

nafta
gasolina

estación de servicio
gasolinera

señal de tránsito
señal de tráfico

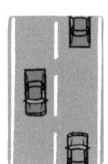

tránsito
tránsito

embotellamiento
embotellamiento

estacionamiento
aparcamiento

estación de tren
estación de tren

vías
vías

tren
tren

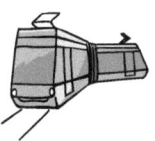

tranvía
tranvía

vagón
vagón

helicóptero

helicóptero

aeropuerto

aeropuerto

torre

torre

pasajero

pasajero

contenedor

contenedor

caja de cartón

caja de cartón

carretilla

carretilla

canasta

cesta

despegar / aterrizar

despegar / aterrizar

ciudad
ciudad

pueblo

pueblo

centro de ciudad

centro de ciudad

casa

casa

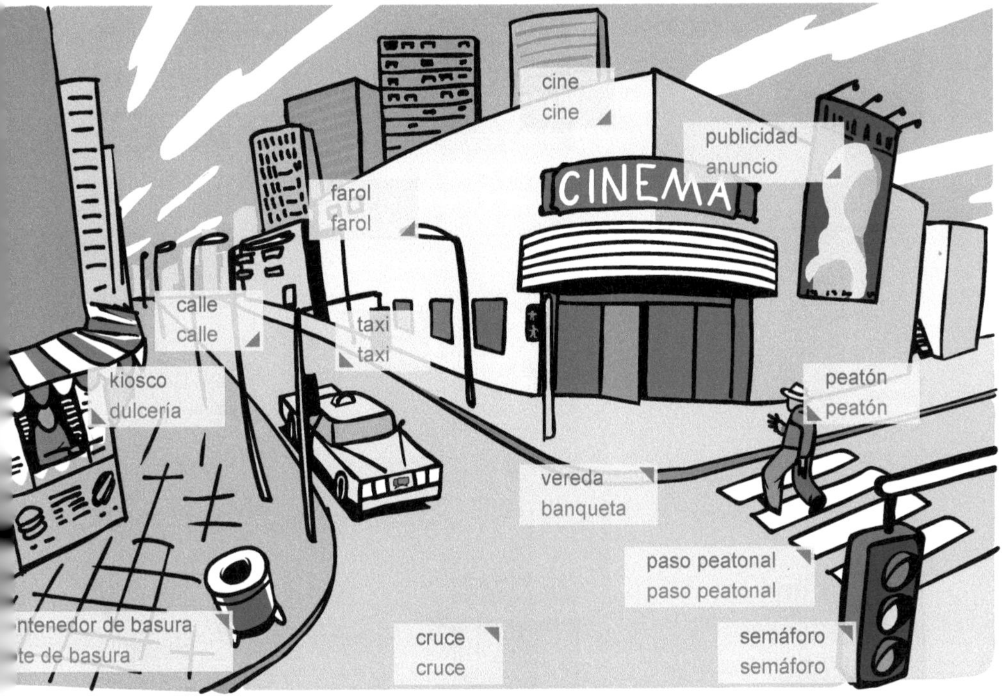

cine
cine

publicidad
anuncio

farol
farol

CINEMA

calle
calle

taxi
taxi

kiosco
dulcería

peatón
peatón

vereda
banqueta

paso peatonal
paso peatonal

ntenedor de basura
te de basura

cruce
cruce

semáforo
semáforo

cabaña
cabaña

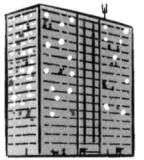

departamento
apartamento

estación de tren
estación de tren

municipalidad
ayuntamiento

museo
museo

colegio
escuela

universidad

universidad

banco

banco

hospital

hospital

hotel

hotel

farmacia

farmacia

oficina

oficina

librería

librería

negocio

tienda

florería

florería

supermercado

supermercado

mercado

mercado

grandes tiendas

grandes tiendas

pescadería

pescadería

centro comercial

centro comercial

puerto

puerto

parque
parque

banco
banco

puente
puente

escaleras
escaleras

subte
metro

túnel
túnel

parada del colectivo
parada de autobús

bar
bar

restaurante
restaurante

buzón
buzón

letrero
letrero

parquímetro
parquímetro

zoológico
zoológico

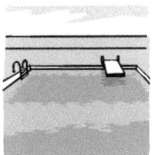

pileta
alberca

mezquita
mezquita

granja
granja

contaminación
contaminación

cementerio
cementerio

iglesia
iglesia

juegos infantiles
área de niños

templo
templo

paisaje
paisaje

hoja
hoja

poste indicador
señal

camino
camino

pradera
pradera

piedra
piedra

excursionista
caminante

árbol
árbol

río
río

hierba
pasto

flor
flor

valle

valle

montaña

montaña

lago

lago

bosque

bosque

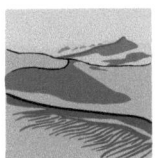

desierto

desierto

volcán

volcán

castillo

castillo

arco iris

arco iris

champiñón

champiñón

palmera

palmera

mosquito

mosquito

mosca

mosca

hormiga

hormiga

abeja

abeja

araña

araña

escarabajo

escarabajo

rana

rana

ardilla

ardilla

erizo

erizo

liebre

liebre

lechuza

lechuza

pájaro

pájaro

cisne

cisne

jabalí

jabalí

ciervo

ciervo

alce

alce

presa

embalse

aerogenerador

turbina eólica

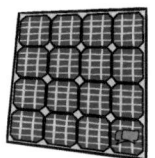

panel solar

pansolar

clima

clima

restaurante
restaurante

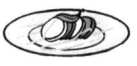

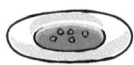

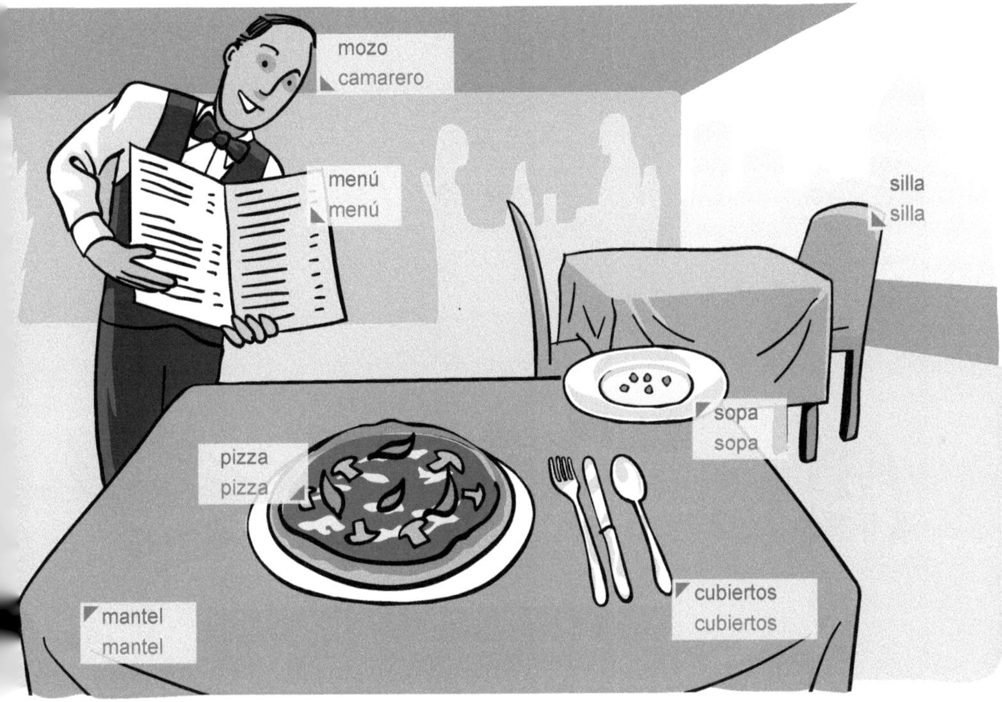
mozo
camarero
menú
menú
silla
silla
sopa
sopa
pizza
pizza
cubiertos
cubiertos
mantel
mantel

entrada

entrada

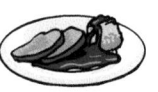

plato principal

plato fuerte

postre

postre

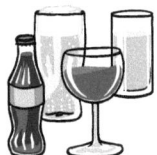

bebidas

bebidas

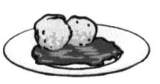

comida

comida

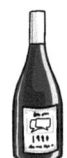

botella

botella

comida rápida
comida rápida

comida callejera
comida de calle

tetera
tetera

azucarera
azucarera

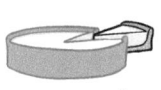

porción
porción

cafetera expreso
cafetera espresso

sillita alta
periquera

cuenta
cuenta

bandeja
charola

cuchillo
cuchillo

tenedor
tenedor

cuchara
cuchara

cucharita
cuchara de té

servilleta
servilleta

vaso
vaso

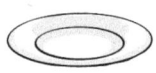

plato

plato

plato hondo

plato hondo

plato

plato

salsa

salsa

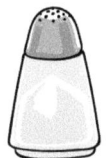

salero

salero

molinillo de pimienta

molino para pimienta

vinagre

vinagre

aceite

aceite

especias

especias

kétchup

kétchup

mostaza

mostaza

mayonesa

mayonesa

supermercado

supermercado

oferta especial
oferta especial
cliente
cliente
FOR
lácteos
productos lácteos
fruta
fruta
changuito
carrito para compras

BUTCHERS

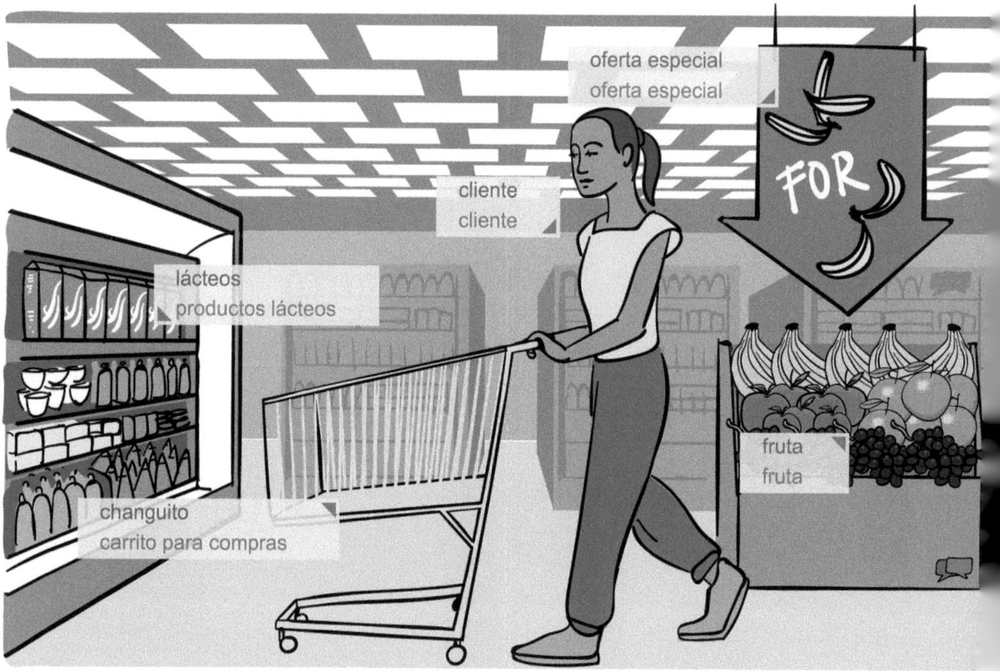

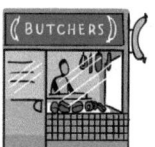

carnicería

carnicería

BAKERY

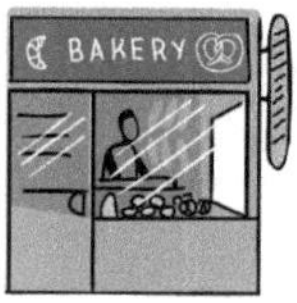

panadería

panadería

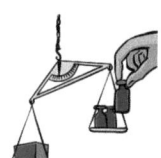

pesar

pesar

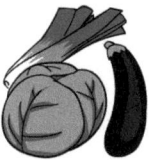

verduras

vegetales

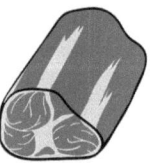

carne

carne

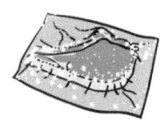

alimentos congelados

alimentos congelados

fiambres

carnes frías

alimentos enlatados

alimentos enlatados

detergente en polvo

detergente en polvo

golosinas

dulces

electrodomésticos

electrodomésticos

productos de limpieza

productos de limpieza

vendedora

vendedora

caja

caja

cajero

cajero

lista de compras

lista de compras

horario de atención

horario de atención al
público

billetera

cartera

tarjeta de crédito

tarjeta de crédito

cartera

bolsa

bolsa de plástico

bolsa de plástico

agua

agua

jugo

jugo

leche

leche

bebida cola

refresco de cola

vino

vino

cerveza

cerveza

alcohol

alcohol

cacao

cacao

té

té

café

café

café expreso

espresso

cappuccino

cappuccino

banana

plátano

manzana

manzana

naranja

naranja

melón

melón

limón

limón

zanahoria

zanahoria

ajo

ajo

bambú

bambú

cebolla

cebolla

champiñón

champiñón

nueces

nueces

fideos

fideos

tallarines
....
espaguetis

arroz
....
arroz

ensalada
....
ensalada

papas fritas
....
patatas fritas

papas fritas
....
patatas fritas

pizza
....
pizza

hamburguesa
....
hamburguesa

sándwich
....
emparedado

churrasco
....
filete

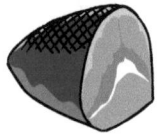

jamón
....
jamón

salame
....
salami

salchicha
....
salchicha

pollo
....
pollo

asado
....
asado

pescado
....
pescado

comida - comida

copos de avena

copos de avena

muesli

muesli

copos de maíz

copos de maíz

harina

harina

medialuna

cuernito

pancito

bolillo

pan

pan

tostada

tostada

galletitas

galletas

manteca

mantequilla

cuajada

cuajada

torta

pastel

huevo

huevo

huevo frito

huevo frito

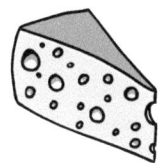

queso

queso

helado
helado

azúcar
azúcar

miel
miel

mermelada
mermelada

pasta de chocolate
crema de chocolate

curry
curry

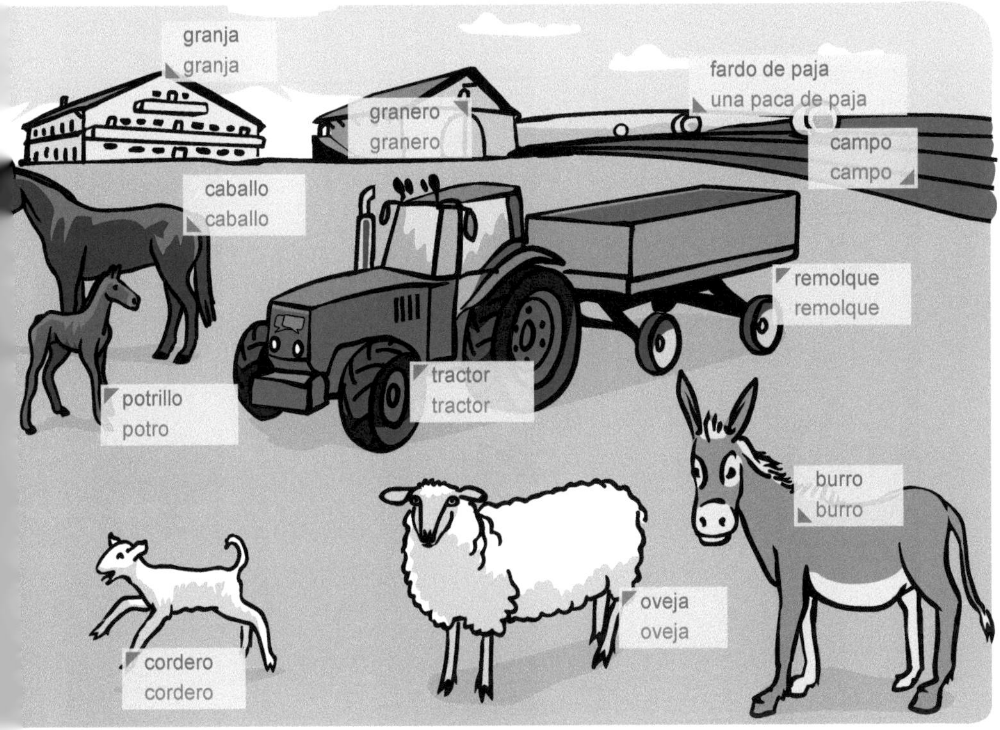

granja
granja

granero
granero

fardo de paja
una paca de paja

campo
campo

caballo
caballo

remolque
remolque

potrillo
potro

tractor
tractor

burro
burro

cordero
cordero

oveja
oveja

cabra
cabra

vaca
vaca

ternero
ternero

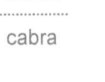

cerdo
cerdo

lechón
lechón

toro
toro

ganso

ganso

pato

pato

pollo

pollo

gallina

gallina

gallo

gallo

rata

rata

gato

gato

ratón

ratón

buey

buey

perro

perro

cucha

casa dperro

manguera

manguera

regadera

regadera

guadaña

guadaña

arado

arado

hoz
hoz

azada
azadón

horquilla
horquilla

hacha
hacha

carretilla
carretilla

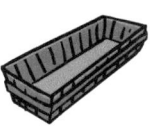

abrevadero
bebedero

lechera
bote de leche

bolsa
saco

reja
valla

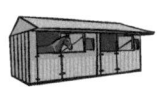

establo
establo

invernadero
invernadero

suelo
suelo

semilla
semilla

fertilizador
fertilizador

cosechadora
cosechadora

cosechar

cosechar

cosecha

cosecha

batatas

camote

trigo

trigo

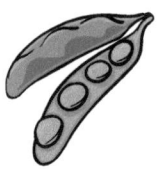

soja

soja

papa

patata

maíz

maíz

semilla de colza

semilde colza

árbol frutal

árbol frutal

mandioca

mandioca

cereales

cereales

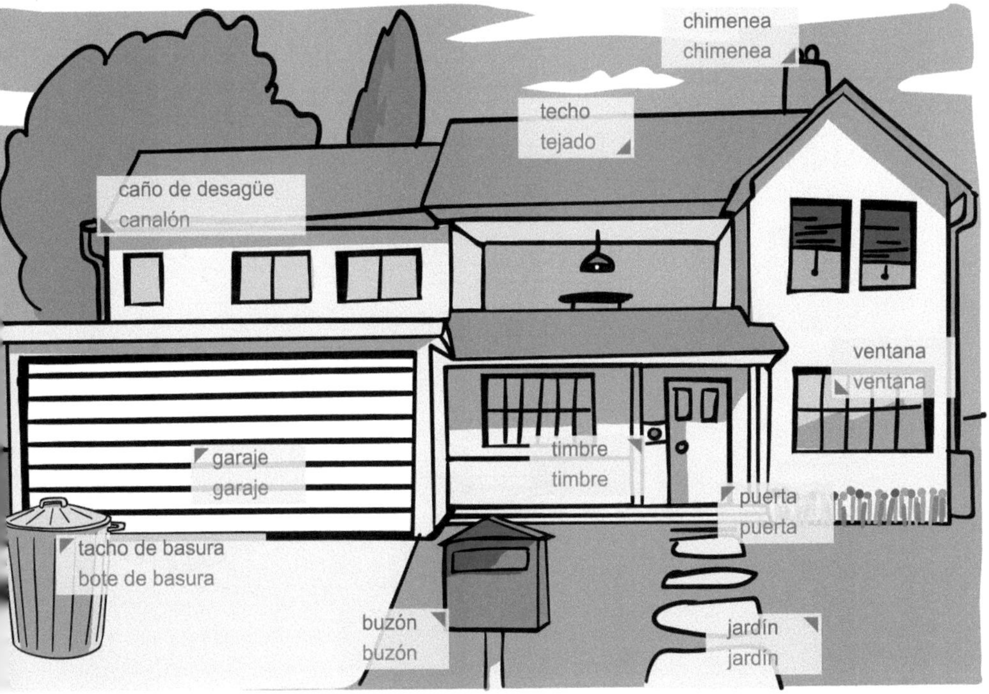

chimenea
chimenea

techo
tejado

caño de desagüe
canalón

ventana
ventana

garaje
garaje

timbre
timbre

puerta
puerta

tacho de basura
bote de basura

buzón
buzón

jardín
jardín

living
estancia

baño
baño

cocina
cocina

dormitorio
recámara

cuarto de los chicos
recámara de los niños

comedor
comedor

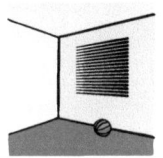

piso

suelo

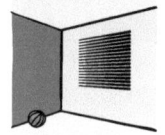

pared

pared

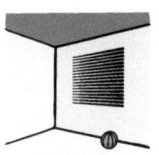

cielorraso

techo

sótano

sótano

sauna

sauna

balcón

balcón

terraza

terraza

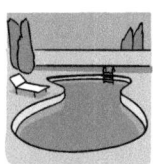

pileta

alberca

cortadora de pasto

cortacésped

sábana

sábana

acolchado

colcha

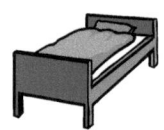

cama

cama

escoba

escoba

balde

balde

interruptor

interruptor

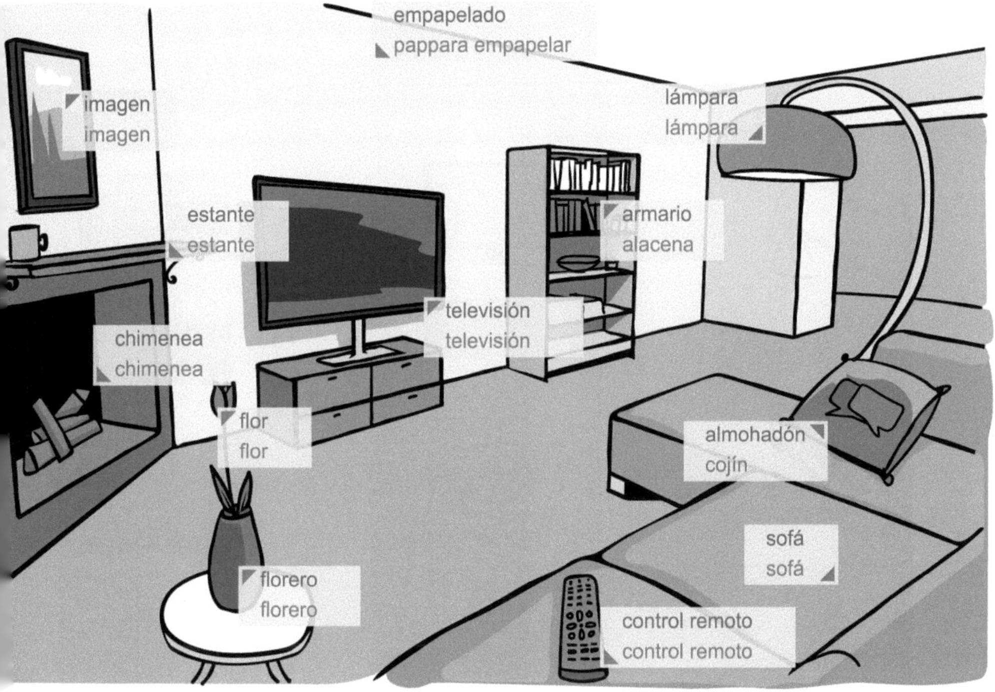

empapelado
pappara empapelar

imagen
imagen

lámpara
lámpara

estante
estante

armario
alacena

chimenea
chimenea

televisión
televisión

flor
flor

almohadón
cojín

florero
florero

sofá
sofá

control remoto
control remoto

alfombra
alfombra

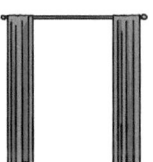

cortina
cortina

mesa
mesa

silla
silla

mecedora
mecedora

sillón
sillón

libro

libro

frazada

frazada

decoración

decoración

leña

leña

película

película

equipo de música

equipo de música

llave

llave

diario

periódico

pintura

pintura

póster

póster

radio

radio

cuaderno

cuaderno

aspiradora

aspiradora

cactus

cactus

vela

vela

cocina
cocina

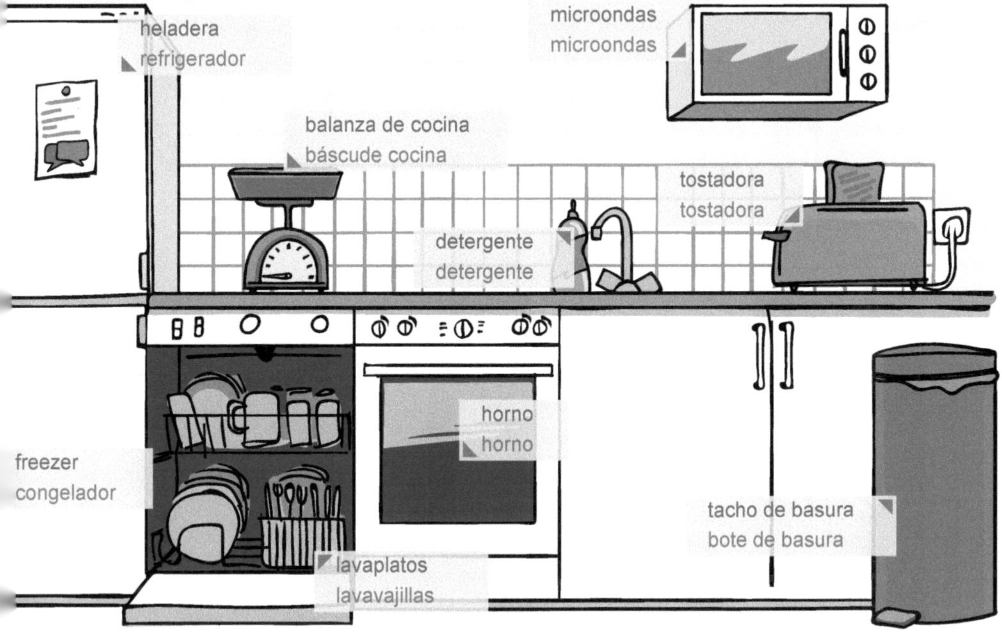
heladera
refrigerador
microondas
microondas
balanza de cocina
báscude cocina
tostadora
tostadora
detergente
detergente
horno
horno
freezer
congelador
tacho de basura
bote de basura
lavaplatos
lavavajillas

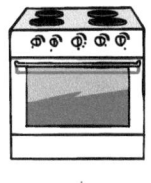

cocina

opresión

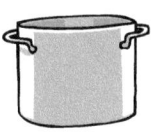

olla

olla

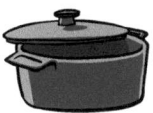

olla de hierro fundido

olde hierro fundido

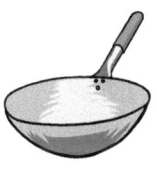

wok

wok

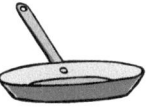

sartén

sartén

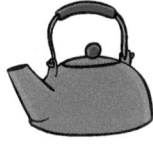

pava

hervidor

vaporera

vaporera

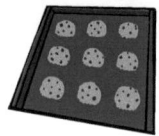

bandeja de horno

charode horno

vajilla

loza

taza

taza

bol

bol

palitos

palillos

cucharón

cucharón

estpátula

espátula

batidora

batidora

colador

colador

colador

colador

rallador

rallador

mortero

mortero

parrilla

barbacoa

fogata

fogata

tabla de picar

tabpara picar

palo de amasar

rodillo para amasar

sacacorchos

sacacorchos

lata

lata

abrelatas

abrelatas

manopla

guante de cocina

pileta

fregadero

cepillo

cepillo

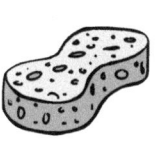

esponja

esponja

batidora

batidora

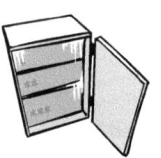

congelador

congelador

mamadera

biberón

canilla

llave

baño

baño

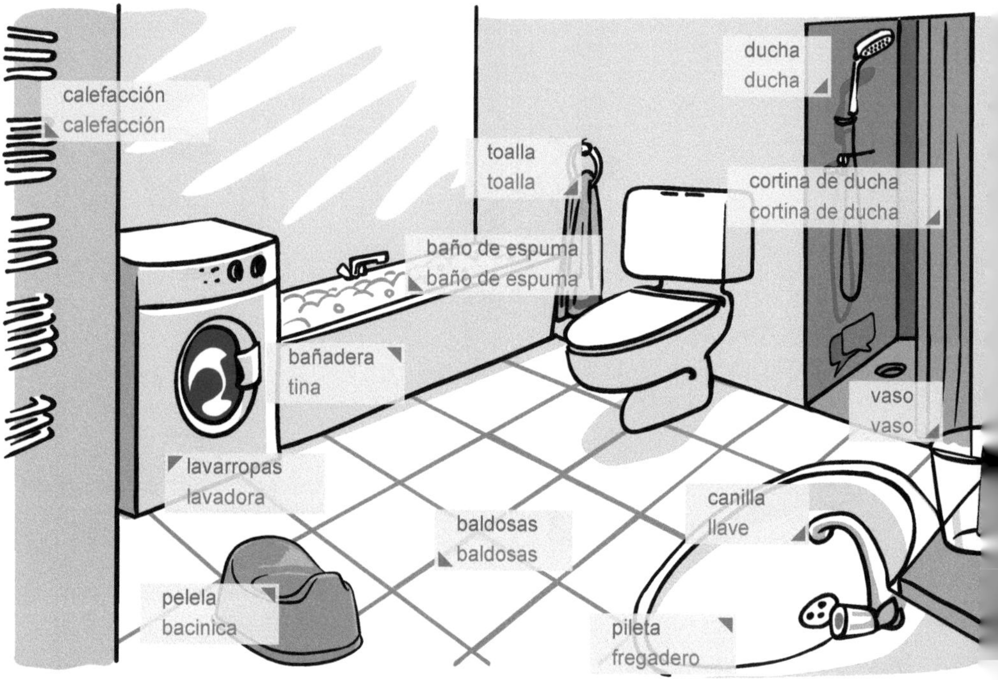

calefacción
calefacción
toalla
toalla
ducha
ducha
cortina de ducha
cortina de ducha
baño de espuma
baño de espuma
bañadera
tina
vaso
vaso
lavarropas
lavadora
canilla
llave
baldosas
baldosas
pelela
bacinica
pileta
fregadero

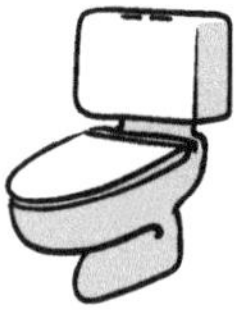

inodoro

inodoro

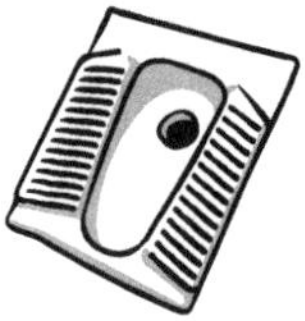

letrina

letrina

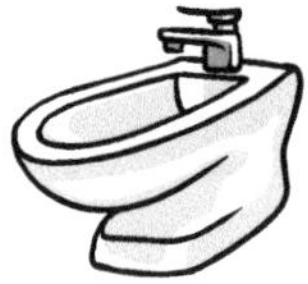

bidé

bidé

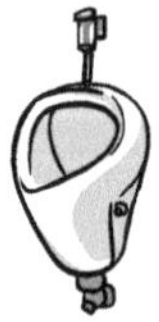

mingitorio

mingitorio

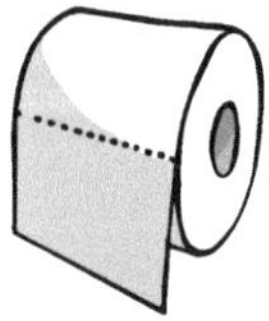

papel higiénico

paphigiénico

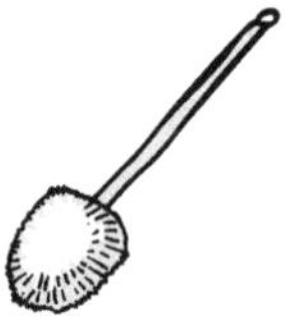

cepillo para el inodoro

cepillo para baño

cepillo de dientes

cepillo de dientes

dentífrico

pasta dental

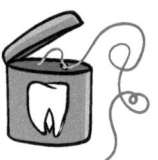

hilo dental

hilo dental

lavar

lavar

ducha de mano

ducha de mano

ducha higiénica

ducha vaginal

palangana

fregadero

cepillo para espalda

cepillo de espalda

jabón

jabón

gel de ducha

gde ducha

shampoo

champú

toallita

toallita

desagüe

drenaje

crema

crema

desodorante

desodorante

espejo

espejo

espejito

espejo de tocador

maquinita de afeitar

máquina para afeitar

espuma de afeitar

espuma de afeitar

aftershave

loción para después de
afeitar

peine

peine

cepillo

cepillo

secador de pelo

secadora

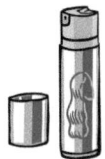

spray

laca

maquillaje

maquillaje

lápiz de labios

lápiz labial

esmalte para uñas

esmalte para uñas

algodón

algodón

tijera para uñas

tijeras para uñas

perfume

perfume

portacosméticos

stuche para cosméticos

banqueta

taburete

balanza

báscula

bata

bata

guantes de goma

guantes de goma

tampón

tampón

toallita femenina

toalsanitaria

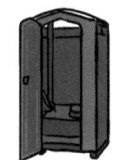

baño químico

baño móvil

cuarto de los chicos
recámara de los niños

despertador
despertador
peluche
peluche
coche de juguete
carro de juguete
sonajero
sonaja
casa de muñecas
casa de muñecas
regalo
regalo

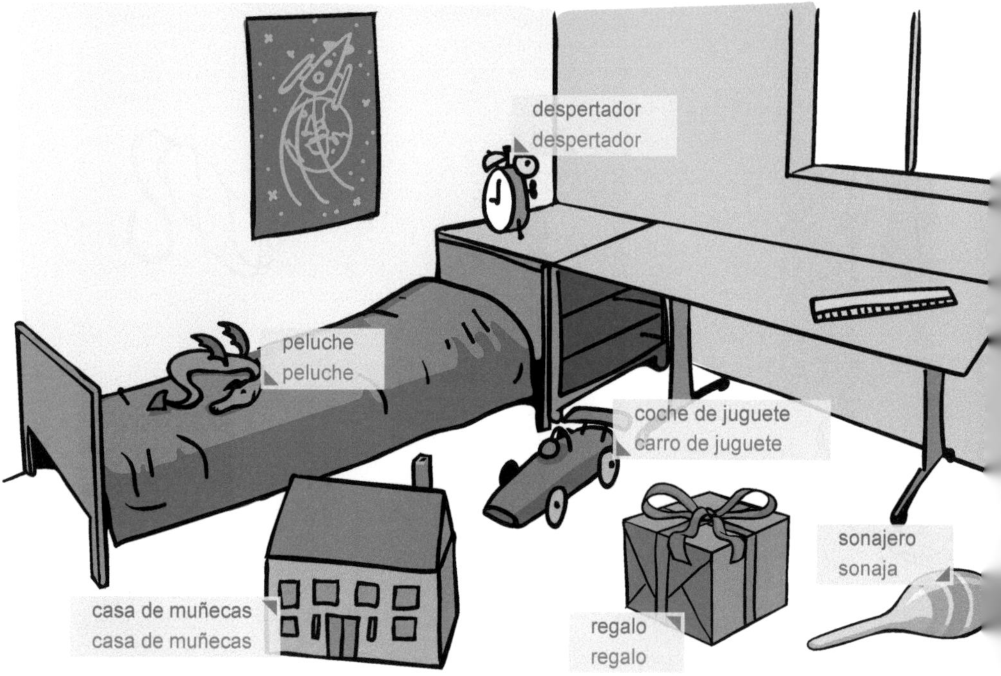

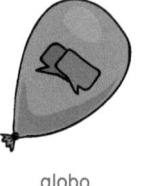

globo

globo

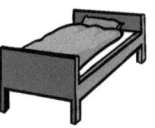

cama

cama

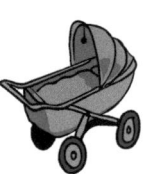

cochecito

carriola

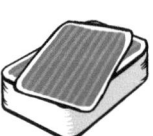

cartas

cartas

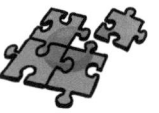

rompecabezas

rompecabezas

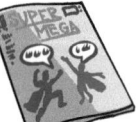

historieta

cómic

piezas de lego

piezas de lego

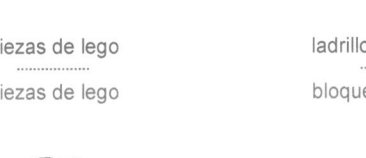

ladrillos de juguete

bloques para jugar

figura de acción

figura de acción

enterito (de bebé)

mameluco

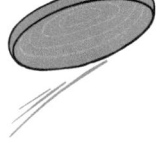

frisbee

frisbee

móvil para bebés

móvil para bebés

juego de mesa

juego de mesa

dados

dados

tren eléctrico

tren eléctrico

chupete

maniquí

fiesta

fiesta

libro de cuentos ilustrado

álbum de fotos

pelota

balón

muñeca

muñeca

jugar

jugar

arenero

arenero

hamaca

columpio

juguetes

juguetes

consola de videojuegos

consode videojuegos

triciclo

triciclo

osito de peluche

oso de peluche

armario

clóset

ropa

ropa

medias

calcetines

medias panty

pantimedias

calzas

mallas

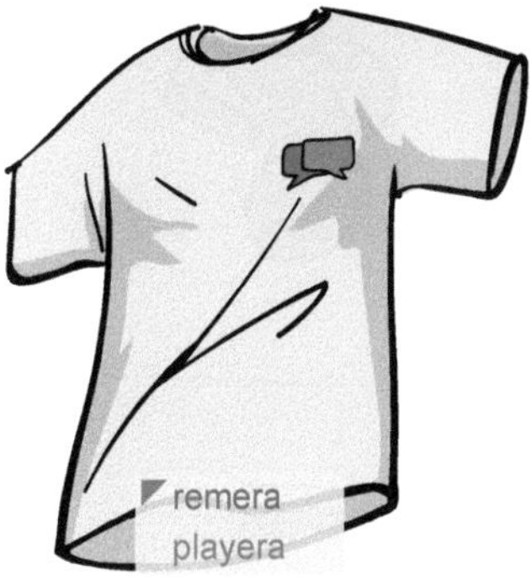

bufanda
bufanda

cinturón
cinto

paraguas
paraguas

remera
playera

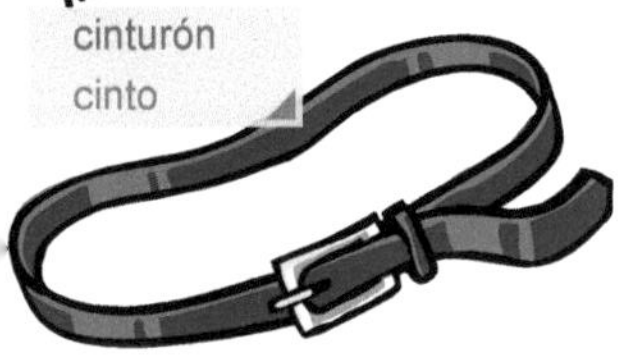

zapatillas
tenis

botas
botas

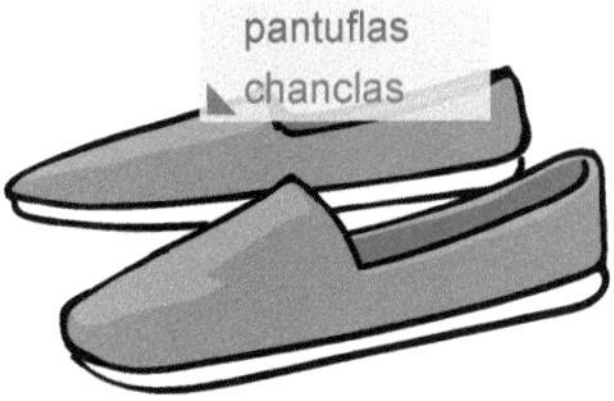

pantuflas
chanclas

sandalias
sandalias

zapatos
zapatos

botas de goma
botas de goma

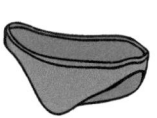

ropa interior
ropa interior

corpiño
brasier

chaleco
chaleco

body
body

pantalones
pantalones

jeans
pantalones de mezclilla

pollera
falda

blusa
blusa

camisa
camisa

pulóver
suéter

buzo
sudadera

blazer
saco sport

campera
chamarra

tapado
abrigo

piloto
impermeable

traje
traje

vestido
vestido

vestido de novia
vestido de novia

traje

traje

camisón

camisón

pijama

pijama

sari

sari

pañuelo para cabeza

pañuelo para cabeza

turbante

turbante

burka

burka

caftán

caftán

abaya

abaya

traje de baño

traje de baño

short de baño

short de baño

shorts

shorts

jogging

pants

delantal

delantal

guantes

guantes

botón
botón

anteojos
gafas

pulsera
brazalete

collar
collar

anillo
anillo

aro
arete

gorra
gorra

percha
gancho

sombrero
sombrero

corbata
corbata

cierre
cierre

casco
casco

tiradores
tirantes

uniforme escolar
uniforme

uniforme
uniforme

babero
babero

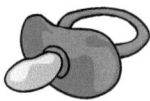

chupete
maniquí

pañal
pañal

servidor
servidor

archivero
archivo

impresora
impresora

papel
pap

escritorio
escritorio

carpeta
carpeta

servidor
servidor

monitor
monitor

mouse
mouse

teclado
teclado

tacho (de basura)
bote de basura

computadora
computadora

silla
silla

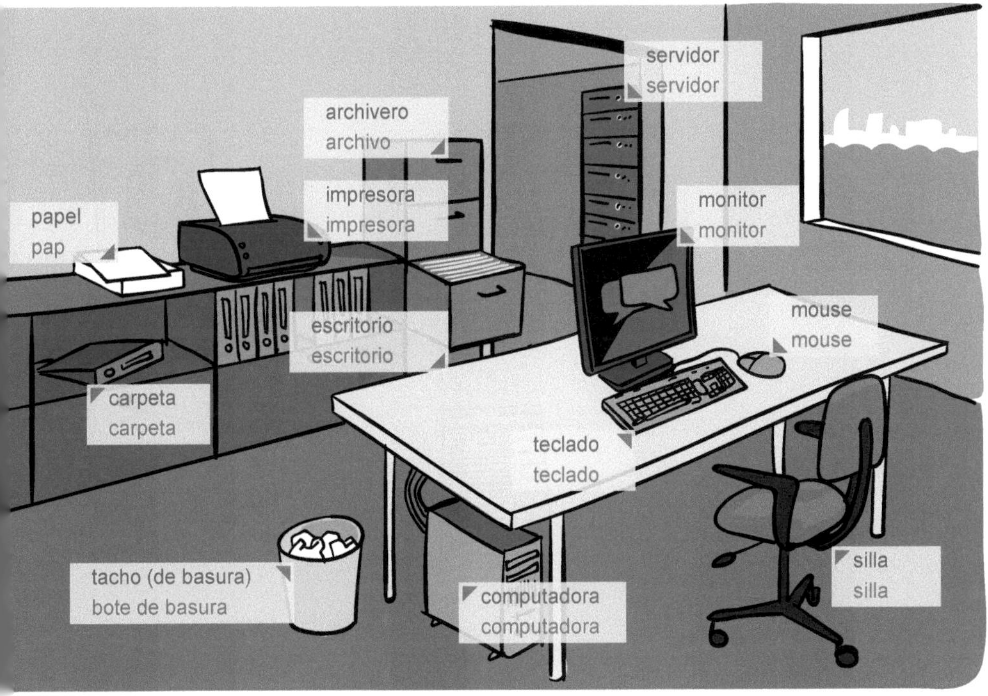

taza de café
taza de café

calculadora
calculadora

internet
internet

laptop

notebook

carta

carta

mensaje

mensaje

celular

móvil

red

red

fotocopiadora

fotocopiadora

software

software

teléfono

teléfono

tomacorriente

tomacorriente

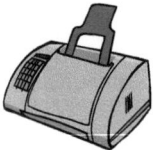

fax

fax

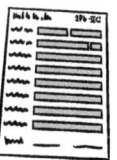

formulario

formulario

documento

documento

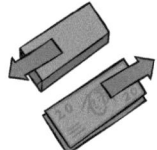

comprar

comprar

pagar

pagar

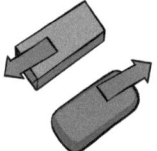

hacer negocios

hacer negocios

dinero

dinero

dólar

dólar

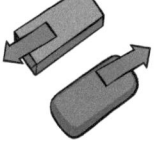

euro

euro

yen

yen

rublo

rublo

franco suizo

franco suizo

yuan

yuan

rupia

rupia

cajero automático

cajero automático

casa de cambio
casa de cambio

oro
oro

plata
plata

petróleo
petróleo

energía
energía

precio
precio

contrato
contrato

impuesto
impuesto

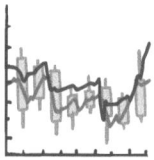

acción
acción

trabajar
trabajar

empleado
empleado

empleador
empleador

fábrica
fábrica

negocio
tienda

policía
policía

bombero
bombero

cocinero
cocinero

médico
médico

piloto
piloto

jardinero
jardinero

carpintero
carpintero

modista
costurera

juez
juez

farmacéutico
farmacéutico

actor
actor

colectivero

conductor de autobús

taxista

taxista

pescador

pescador

mucama

señora de limpieza

techista

instalador de techos

mozo

camarero

cazador

cazador

pintor

pintor

panadero

panadero

electricista

electricista

albañil

obrero

ingeniero

ingeniero

carnicero

carnicero

plomero

plomero

cartero

cartero

soldado

soldado

arquitecto

arquitecto

cajero

cajero

florista

florista

peluquero

peluquero

cobrador

cobrador

mecánico

mecánico

capitán

capitán

dentista

dentista

científico

científico

rabino

rabino

imán

imán

monje

monje

sacerdote

sacerdote

herramientas
herramientas

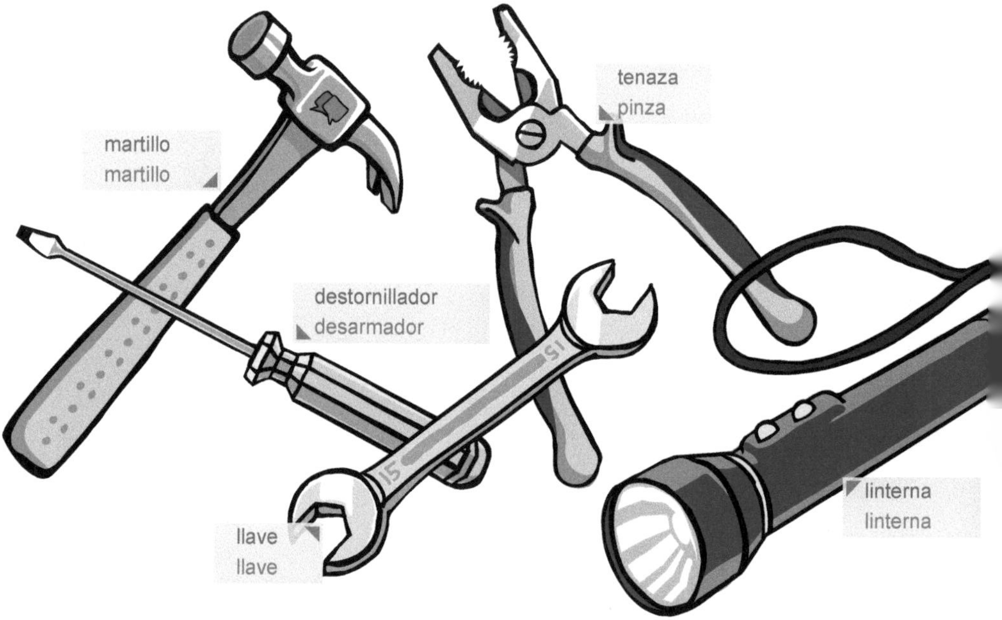

tenaza
pinza
martillo
martillo
destornillador
desarmador
llave
llave
linterna
linterna

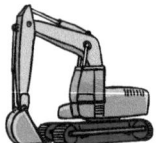

excavadora

excavadora

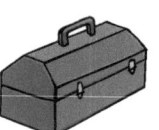

caja de herramientas

caja de herramientas

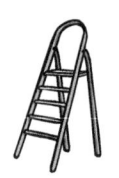

escalera portátil

escalera de mano

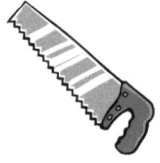

sierra

sierra

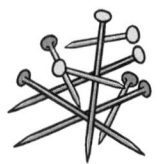

clavos

clavos

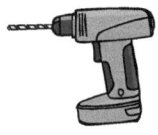

taladro

taladro

arreglar
reparar

pala de jardín
pala

¡Qué bronca!
¡Maldición!

pala de plástico
recogedor

tacho de pintura
bote de pintura

tornillos
tornillos

instrumentos musicales
instrumentos musicales

batería
batería

parlante
altavoz

guitarra
guitarra

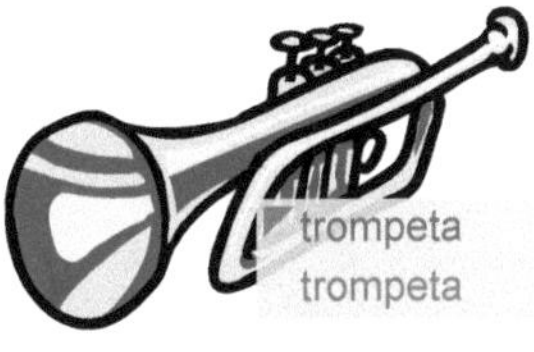

contrabajo
contrabajo

trompeta
trompeta

piano

piano

violín

violín

bajo

bajo

timbales

timbales

tambor

tambor

teclado

teclado

saxofón

saxofón

flauta

flauta

micrófono

micrófono

zoológico
zoológico

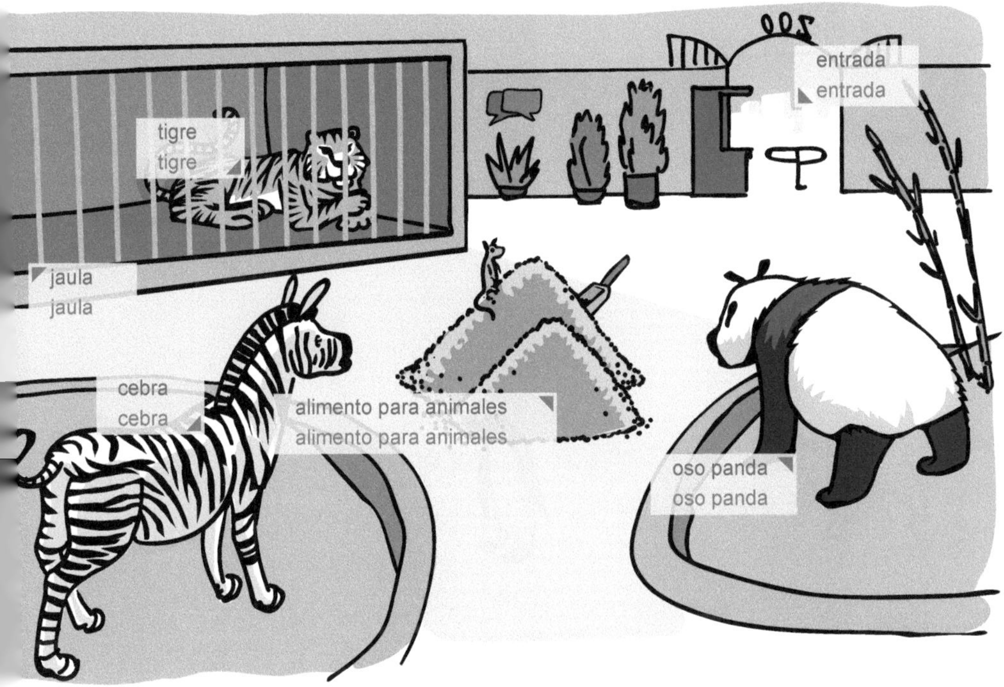
entrada
entrada
tigre
tigre
jaula
jaula
cebra
cebra
alimento para animales
alimento para animales
oso panda
oso panda

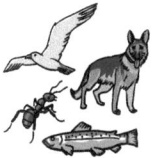

animales

animales

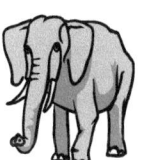

elefante

elefante

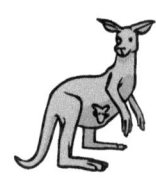

canguro

canguro

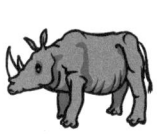

rinoceronte

rinoceronte

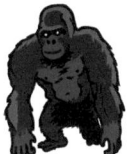

gorila

gorila

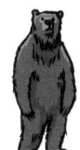

oso

oso

camello

camello

avestruz

avestruz

león

león

mono

mono

flamenco

flamenco

loro

loro

oso polar

oso polar

pingüino

pingüino

tiburón

tiburón

pavo real

pavo real

serpiente

serpiente

cocodrilo

cocodrilo

cuidador del zoológico

guardián de zoológico

foca

foca

jaguar

jaguar

poni

poni

leopardo

leopardo

hipopótamo

hipopótamo

jirafa

jirafa

águila

águila

jabalí

jabalí

pescado

pescado

tortuga

tortuga

morsa

morsa

zorro

zorro

gacela

gacela

zoológico - zoológico

fútbol americano
fútbol americano

ciclismo
ciclismo

tenis
tenis

básquet
baloncesto

natación
natación

boxeo
boxeo

hockey sobre hielo
hockey sobre hielo

fútbol
fútbol

bádminton
bádminton

atletismo
atletismo

handball
handball

esquí
esquí

polo
polo

actividades

reír
reír
saltar
saltar
abrazar
abrazar
caminar
caminar
cantar
cantar
soñar
soñar
rezar
rezar
besar
besar

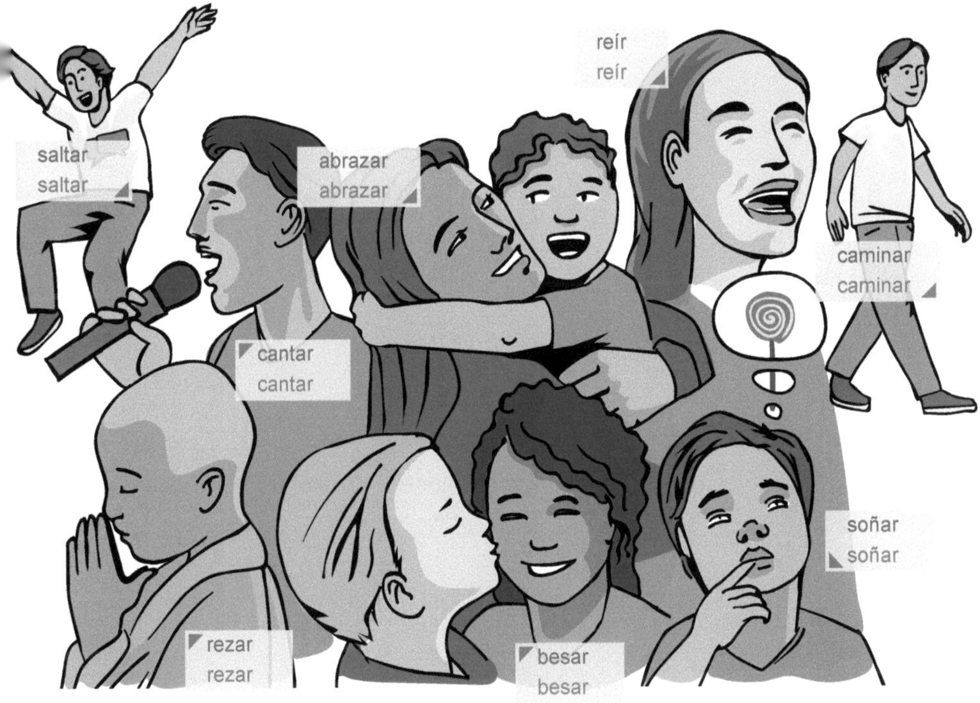

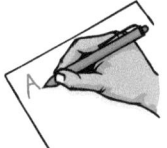

escribir

escribir

dibujar

dibujar

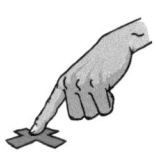

mostrar

mostrar

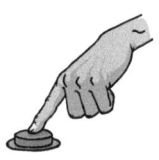

presionar

empujar

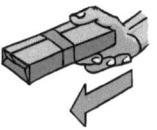

dar

dar

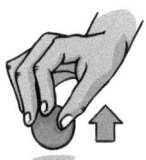

tomar

tomar

tener
....
tener

hacer
....
hacer

ser
....
ser

estar parado
....
estar parado

correr
....
correr

tirar
....
jalar

tirar
....
arrojar

caer
....
caer

estar acostado
....
estar acostado

esperar
....
esperar

llevar
....
llevar

estar sentado
....
estar sentado

vestirse
....
vestirse

dormir
....
dormir

despertar
....
despertar

mirar
mirar

llorar
llorar

acariciar
acariciar

peinar
peinar

hablar
hablar

entender
entender

preguntar
preguntar

escuchar
escuchar

beber
beber

comer
comer

ordenar
ordenar

amar
amar

cocinar
cocinar

manejar
conducir

volar
volar

navegar

navegar

calcular

calcular

leer

leer

aprender

aprender

trabajar

trabajar

casarse

casarse

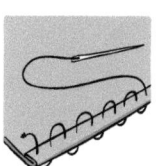

coser

coser

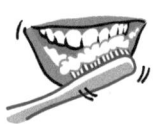

cepillarse los dientes

cepillarse los dientes

matar

matar

fumar

fumar

enviar

enviar

abuela
abuela

abuelo
abuelo

padre
padre

madre
madre

bebé
bebé

hija
hija

hijo
hijo

invitado
·················
invitado

tía
·················
tía

tío
·················
tío

hermano
·················
hermano

hermana
·················
hermana

cuerpo

cuerpo

frente
frente
ojo
ojo
hombro
hombro
dedo
dedo
cara
cara
pera
barbilla
mano
mano
pierna
pierna
pecho
pecho
brazo
brazo

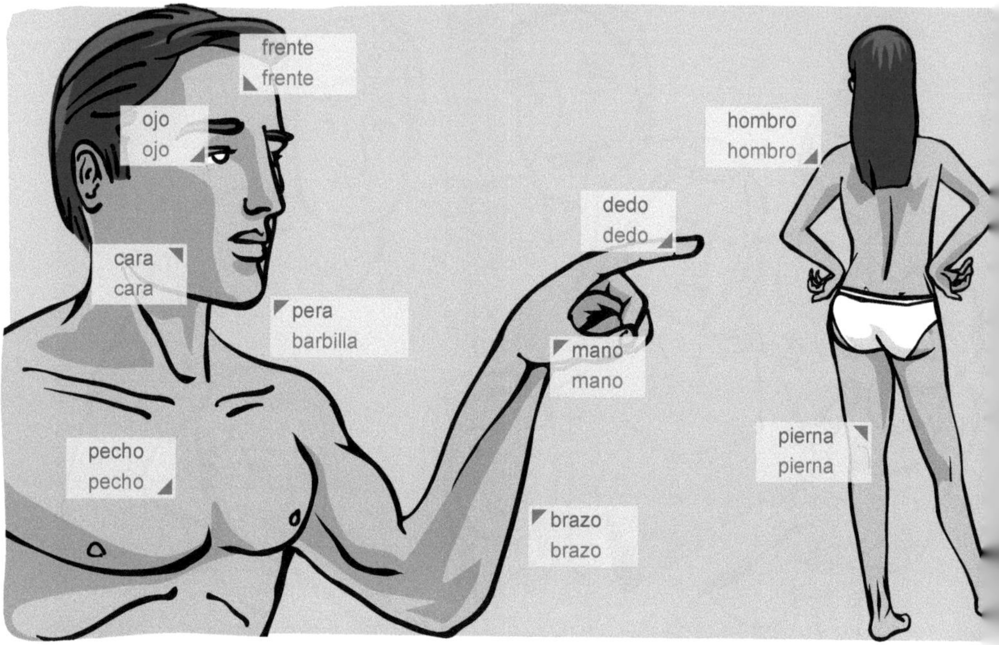

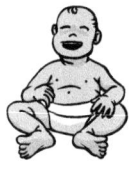

bebé

bebé

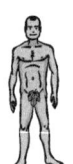

hombre

hombre

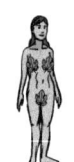

mujer

mujer

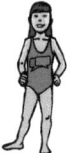

nena

niña

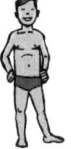

nene

niño

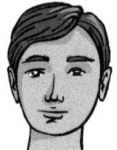

cabeza

cabeza

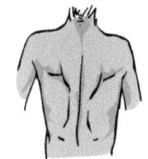

espalda

espalda

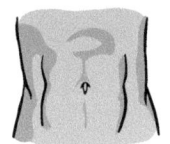

panza

barriga

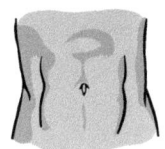

ombligo

ombligo

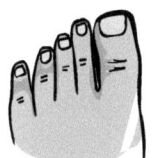

dedo del pie

dedo dpie

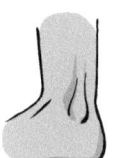

talón

talón

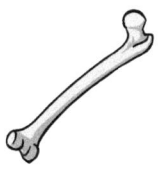

hueso

hueso

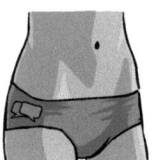

cadera

cadera

rodilla

rodilla

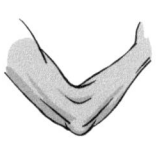

codo

codo

nariz

nariz

cola

pompis

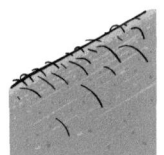

piel

piel

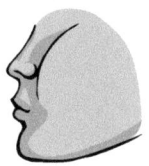

cachete

mejilla

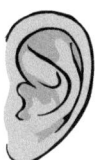

oreja

oído

labio

labio

boca

boca

diente

diente

lengua

lengua

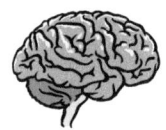

cerebro

cerebro

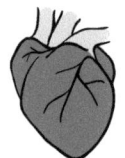

corazón

corazón

músculo

músculo

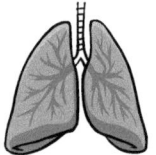

pulmón

pulmón

hígado

hígado

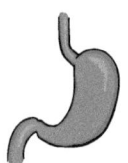

estómago

estómago

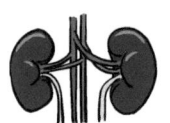

riñones

riñones

sexo

sexo

preservativo

condón

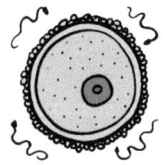

óvulo

óvulo

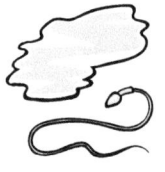

semen

semen

embarazo

embarazo

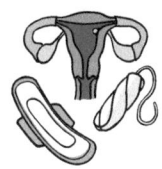

menstruación
menstruación

vagina
vagina

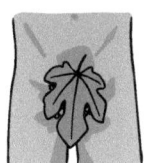

pene
pene

ceja
ceja

pelo
cabello

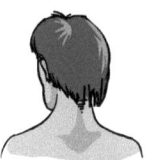

cuello
cuello

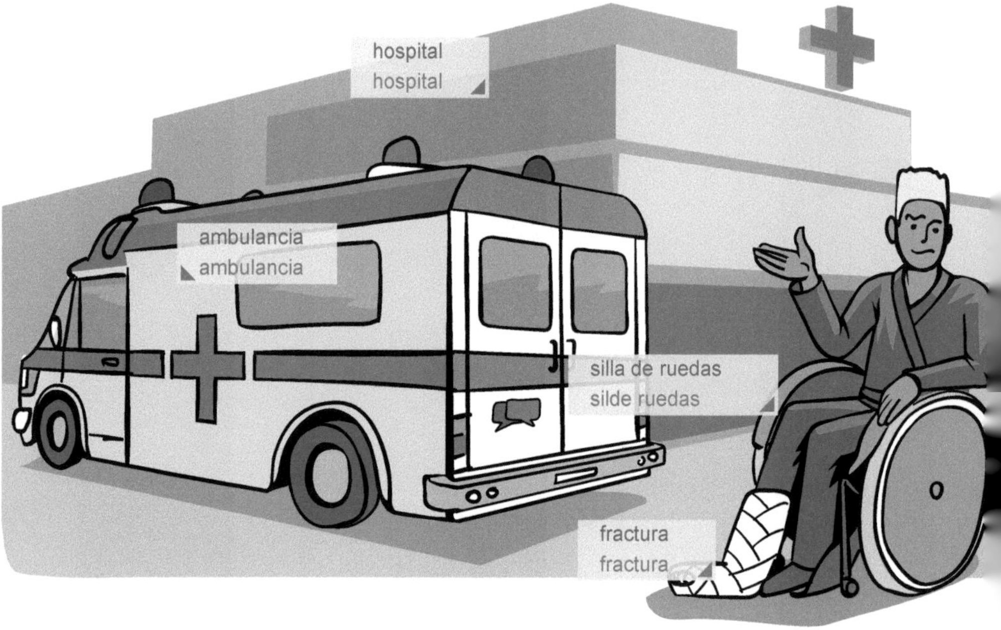

hospital
hospital

ambulancia
ambulancia

silla de ruedas
silde ruedas

fractura
fractura

médico
médico

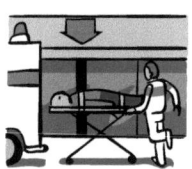

sala de guardia
sade emergencias

enfermera
enfermera

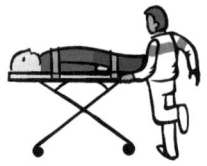

emergencia
emergencia

inconsciente
inconsciente

dolor
dolor

lesión
lesión

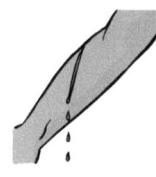

hemorragia
hemorragia

infarto
infarto

ACV
cidente cerebrovascular

alergia
alergia

tos
tos

fiebre
fiebre

gripe
gripa

diarrea
diarrea

dolor de cabeza
dolor de cabeza

cáncer
cáncer

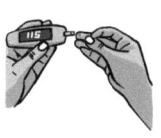

diabetes
diabetes

cirujano
cirujano

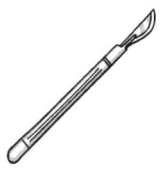

bisturí
bisturí

operación
operación

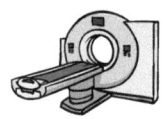

TC
TC

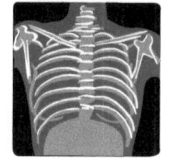

rayos x
rayos x

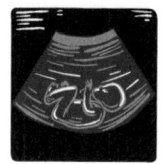

ecografía
ultrasonido

barbijo
mascarilla

enfermedad
enfermedad

sala de espera
sade espera

muleta
muleta

curita
vendita

venda
vendaje

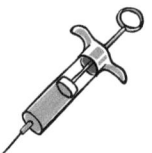

inyección
inyección

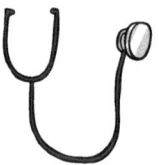

estetoscopio
estetoscopio

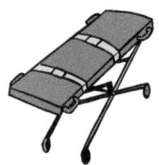

camilla
camilla

termómetro
termómetro

nacimiento
nacimiento

sobrepeso
sobrepeso

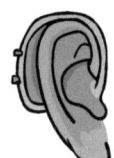

audífono
audífono

desinfectante
desinfectante

infección
infección

virus
virus

VIH / SIDA
VIH / SIDA

remedio
medicina

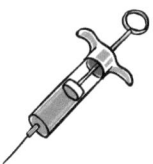

vacunación
vacunación

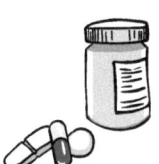

comprimidos
tabletas

pastilla anticonceptiva
pastilanticonceptiva

amada de emergencia
amada de emergencia

tensiómetro
medidor de presión

enfermo / sano
enfermo / sano

¡Ayuda!

¡Socorro!

alarma

alarma

agresión

agresión

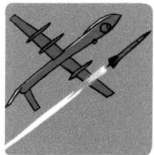

ataque

ataque

peligro

peligro

salida de emergencia

salida de emergencia

¡Fuego!

¡Fuego!

matafuego

extintor de incendios

accidente

accidente

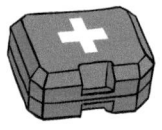

botiquín de primeros
auxilios

botiquín de primeros
auxilios

SOS

SOS

policía

policía

Europa

Europa

América del Norte

Norteamérica

América del Sur

Sudamérica

África

África

Asia

Asia

Australia

Australia

Atlántico

Atlántico

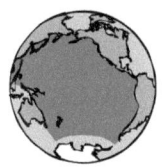

Pacífico

Pacífico

Océano Índico

Océano Índico

Océano Antártico

Océano Antártico

Océano Ártico

Océano Ártico

polo norte

polo norte

polo sur

polo sur

Antártida

Antártida

Tierra

tierra

tierra

tierra

mar

mar

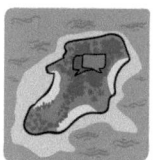

isla

isla

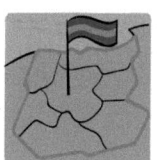

nación

nación

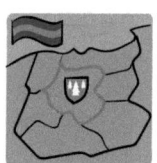

estado

estado

esfera
....
esfera

manecilla de las horas
....
manecilde las horas

minutero
....
minutero

segundero
....
segundero

¿Qué hora es?
....
¿Qué hora es?

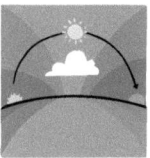

día
....
día

hora
....
hora

ahora
....
ahora

reloj digital
....
reloj digital

minuto
....
minuto

hora
....
hora

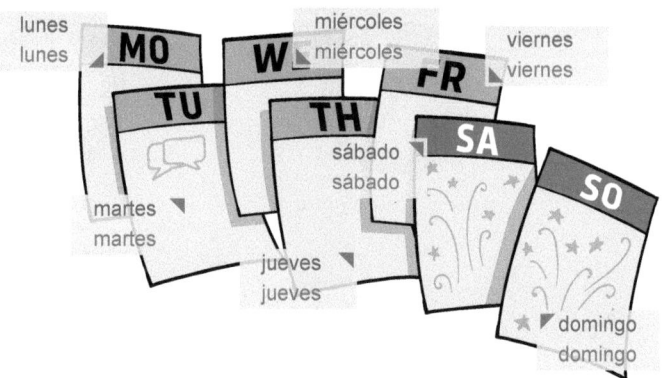

lunes
lunes

miércoles
miércoles

viernes
viernes

martes
martes

sábado
sábado

jueves
jueves

domingo
domingo

ayer
ayer

hoy
hoy

mañana
mañana

mañana
mañana

mediodía
mediodía

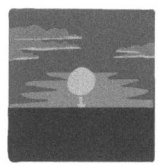

tarde
tarde

días hábiles
días laborables

fin de semana
fin de semana

año

año

lluvia
lluvia
arco iris
arco iris
viento
viento
nieve
nieve
primavera
primavera
verano
verano
otoño
otoño
invierno
invierno

4.APRIL 11°
5.APRIL 4°
6.APRIL 13°
7.APRIL 8°
8.APRIL 10°

nóstico meteorológico

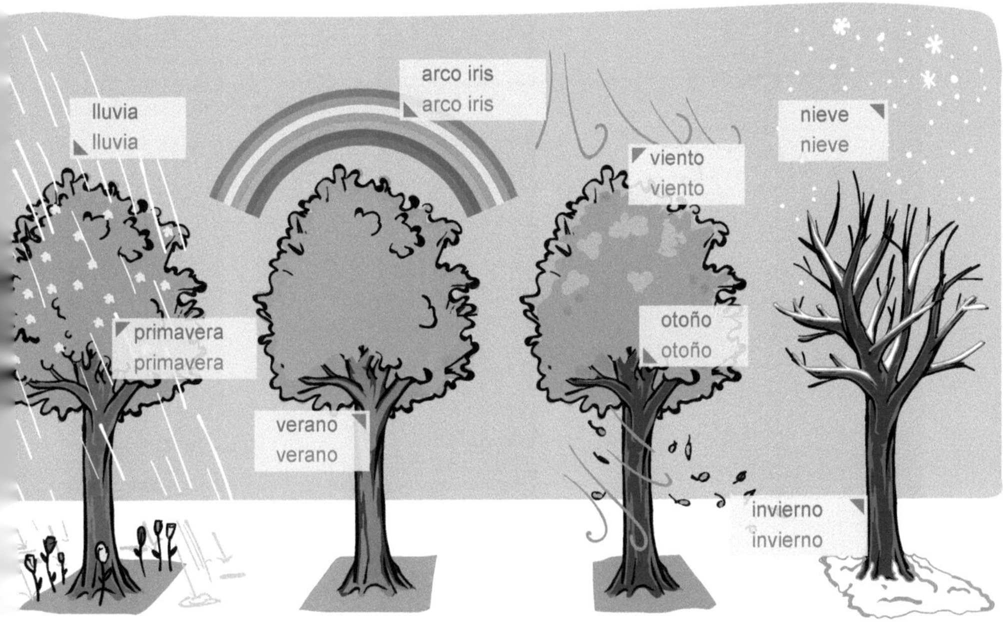

pronóstico dtiempo

F
C
120
90
60
30
0
-30
40
30
20
10
0
-10
-20

termómetro

termómetro

luz del sol

sol

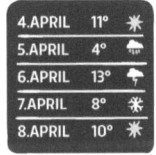

nube

nube

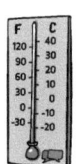

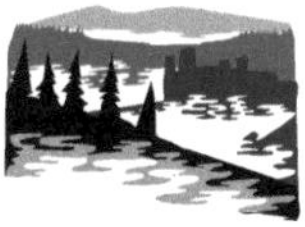

niebla

niebla

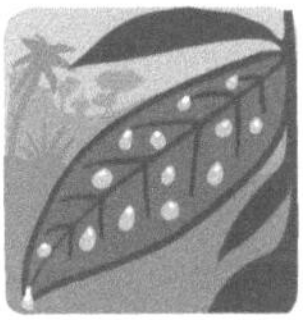

humedad

humedad

rayo

rayo

trueno

trueno

tormenta

tormenta

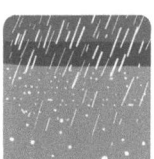

granizo

granizo

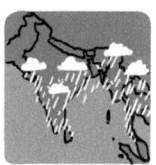

monzón

monzón

inundación

inundación

hielo

hielo

enero

enero

febrero

febrero

marzo

marzo

abril

abril

mayo

mayo

junio

junio

julio

julio

agosto

agosto

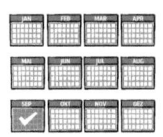

septiembre
septiembre

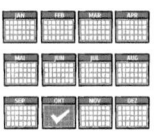

octubre
octubre

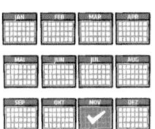

noviembre
noviembre

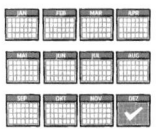

diciembre
diciembre

formas
formas

círculo
círculo

cuadrado
cuadrado

rectángulo
rectángulo

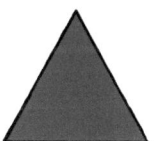

triángulo
triángulo

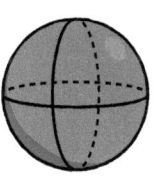

esfera
esfera

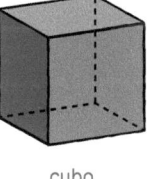

cubo
cubo

blanco

blanco

amarillo

amarillo

naranja

naranja

rosa

rosa

rojo

rojo

violeta

morado

azul

azul

verde

verde

marrón

marrón

gris

gris

negro

negro

mucho / poco
mucho / poco

enojado / tranquilo
enojado / tranquilo

lindo / feo
bonito / feo

principio / fin
principio / fin

grande / chico
grande / pequeño

claro / oscuro
claro / oscuro

hermano / hermana
hermano / hermana

limpio / sucio
limpio / sucio

completo / incompleto
completo / incompleto

día / noche
día / noche

muerto / vivo
muerto / vivo

ancho / angosto
ancho / angosto

comestible / no comestible

comestible / no comestible

malo / amable

malo / amable

entusiasmado / aburrido

entusiasmado / aburrido

gordo / flaco

gordo / delgado

primero / último

primero / último

amigo / enemigo

amigo / enemigo

lleno / vacío

lleno / vacío

duro / blando

duro / blando

pesado / liviano

pesado / ligero

hambre / sed

hambre / sed

enfermo / sano

enfermo / sano

ilegal / legal

ilegal / legal

inteligente / estúpido

inteligente / tonto

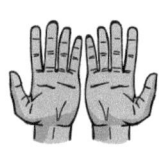

izquierda / derecha

izquierda / derecha

cerca / lejos

cerca / lejos

nuevo / usado

nuevo / usado

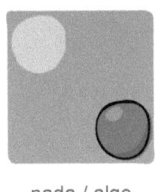

nada / algo

nada / algo

viejo / joven

viejo / joven

encendido / apagado

encendido / apagado

abierto / cerrado

abierto / cerrado

silencioso / ruidoso

silencioso / ruidoso

rico / pobre

rico / pobre

correcto / incorrecto

correcto / incorrecto

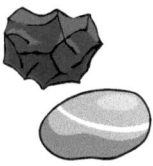

áspero / suave

áspero / suave

triste / contento

triste / contento

corto / largo

corto / largo

lento / rápido

lento / rápido

mojado / seco

húmedo / seco

caliente / frío

caliente / frío

guerra / paz

guerra / paz

opuestos - opuestos

0	**1**	**2**
cero	uno	dos
cero	uno	dos

3	**4**	**5**
tres	cuatro	cinco
tres	cuatro	cinco

6	**7**	**8**
seis	siete	ocho
seis	siete	ocho

9	**10**	**11**
nueve	diez	once
nueve	diez	once

12

doce
doce

13

trece
trece

14

catorce
catorce

15

quince
quince

16

dieciséis
dieciséis

17

diecisiete
diecisiete

18

dieciocho
dieciocho

19

diecinueve
diecinueve

20

veinte
veinte

100

cien
cien

1.000

mil
mil

1.000.000

millón
millón

idiomas

inglés

inglés

inglés americano

inglés americano

chino mandarín

chino mandarín

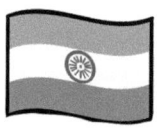

hindi

hindi

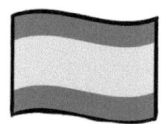

español

español

francés

francés

árabe

árabe

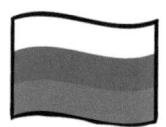

ruso

ruso

portugués

portugués

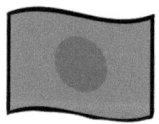

bengalí

bengalí

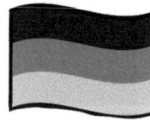

alemán

alemán

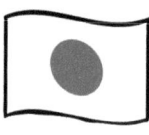

japonés

japonés

yo

yo

vos

tú

él / ella

él / ella

nosotros

nosotros

ustedes

vosotros

ellos

ellos

¿quién?

¿quién?

¿qué?

¿qué?

¿cómo?

¿cómo?

¿dónde?

¿dónde?

¿cuándo?

¿cuándo?

nombre

nombre

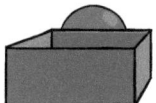

detrás
....
detrás

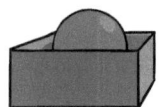

en
....
en

adelante de
....
delante de

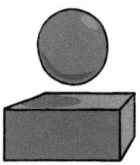

por encima de
....
por encima de

sobre
....
sobre

debajo de
....
debajo de

al lado de
....
junto a

entre
....
entre

lugar
....
lugar